EL MUNDO EN LA ERA TRUMP

¿Políticamente Correcto?

PIETRO FACCINI

PREÁMBULO

El Mundo está experimentando grandes cambios. Los conflictos bélicos-religiosos en el Medio Oriente, las dificultades económicas de la Unión Europea, la decadencia de sistemas políticos como el chavismo y en especial, las violentas y destructivas manifestaciones que han tenido lugar en Sudamérica en países como Chile, Perú, Ecuador, Bolivia y Colombia, han conducido en algunos de ellos, a realizar cambios de fondo en los gobiernos para atender las exigencias de los sublevados.

Así como la agitación callejera se está apoderando paulatinamente del Mundo, es obligatorio observar que la vida en sus diversas facetas, está experimentando uno de los cambios generacionales más profundos que hayan tenido lugar en la historia de la humanidad.

Estados Unidos, el país de mayor influencia política y económica en el Mundo, no ha sido la excepción y, por lo tanto, han surgido movimientos sociales de protesta, apoyados en grupos de desadaptados, entre ellos **Antifa** y de pandilleros, algunos venidos de El Salvador, conocidos como los **Maras.** Esta preocupante situación de descomposición social fue el fruto de gobiernos complacientes con la inmigración ilegal e indiscriminada que permitió a la nación al Norte del Río Bravo, llenarse de maleantes de todos los pelambres, pedófilos, narcotraficantes y ex convictos oriundos de diferentes partes del Globo.

DESCRIPCIÓN

El Mundo está soportando cambios profundos, como quizás nunca antes había experimentado. Las áreas que más transformación han tenido son la tecnología en cabeza de la industria electrónica; las comunicaciones en donde la aparición de los IPad, los Iphone, unidos a los ordenadores, se tomaron por asalto las relaciones familiares, laborales y sociales. Para un habitante de la Tierra, resulta inaudito no contar con alguno de éstos elementos. Se volvieron indispensables para la vida.

Pero la moneda tiene dos caras. El disfrute innegable de los electrodomésticos ha pegado muy fuerte en personas como los milenios que les tocó vivir bajo el yugo de la modernización. No tuvieron esa niñez de antaño, donde las familias se reunían alrededor de una mesa para cenar, algunas hacían una evocación religiosa como acto introductorio. Ahora, el ritual de la cena cambió con la presencia de los electrodomésticos. Los hogares se siguen reuniendo, pero acompañados cada uno de los comensales por su respectivo aparato electrónico.

Así y todo, la transformación sociopolítica que viven los habitantes del Globo ha sido drástica. Por una de tantas razones los jóvenes de hoy ven el Mundo de una manera particular. Piensan más en ideales alejados de sistemas políticos que en una u otra forma violentan la personalidad. Aunque existen tendencias inclinadas hacia los movimientos de izquierda radical, a pesar de los numerosos ejemplos del fracaso de esta doctrina, una buena parte

busca otros caminos que permitan una convivencia armónica entre los habitantes. Sin embargo, lo cierto es que las exigencias de la mayoría de éstos jóvenes, consideran básico la gratuidad de los medios necesarios para vivir, entre ellos, los servicios de salud y educación. Éstas pretensiones de vida al no tener respuestas concretas y rápidas por parte de los gobiernos, han dado paso a la violencia y al vandalismo.

Por lo tanto, este escrito, señala la importancia de gobiernos que se enfoquen principalmente en el bienestar de la gente, alejados de la corrupción y dedicados al progreso y al servicio de los ciudadanos. Pero, también, se precisa de gobernantes que, sin perseguir a los ciudadanos, den muestra de carácter y buen juicio. En otras palabras, que hagan cumplir la constitución y las leyes. Es urgente, acabar con las múltiples asimetrías que invaden el mundo traducidas en injusticias y arbitrariedades. Este es uno de los mensajes centrales de esta novela corta, en donde emerge como personaje central, el presidente de los Estados Unidos **Donald Trump,** odiado por los radicalismos de izquierda, pero venerado por grupos que parten de los principios del orden y el respeto como banderas de convivencia.

CONTENIDO

CAPÍTULO I -
PAÍSES CLAVE DEL
MEDIO ORIENTE

O tro enfrentamiento con el cual deberá lidiar cualquiera que sea el presidente norteamericano, es el conflicto del Medio Oriente. Esta es una guerra no declarada y con todos los matices, que incluyen las intervenciones militares de potencias extranjeras, colonizaciones y crisis humanitarias. Se trata de un polvorín que puede estallar en cualquier momento.

Los principales países implicados en las disputas son principalmente:

Siria, país en donde el mandatario Bashar Al-Asad, con el apoyo de Rusia, lograron derrotar al Estado Islámico (ISIS). Sin embargo, aún permanecen remanentes de este movimiento terrorista. Estados Unidos mantiene su presencia con 600 militares y sus aliados Kurdos, en estratégicos yacimientos lejos del control de las fuerzas de Damasco, la capital de **Siria,** y Moscú.

Los 2. 500 millones de barriles de petróleo que yacen en el sub-suelo de **Siria** son insignificantes frente a los cerca de 300.000 millones de barriles que atesora **Arabia Saudita** o los 150.000 de **Irán** e **Irak.** Sin embargo, representan la clave del control efectivo del país Árabe.

A finales del mes de Octubre de 2019, Trump confirmó la muerte del líder de ISIS, Abu Bakr al- Baghdadi durante una operación de las fuerzas militares de Estados Unidos en este país.

"Estados Unidos llevó al líder terrorista número uno del Mundo ante la justicia", dijo Trump, hablando desde la Sala Diplomática de la Casa Blanca, explicando que el líder de ISIS, al verse acorralado, detonó un chaleco suicida en un túnel matando también a tres niños. "Cuando se inmoló el túnel se derrumbó", terminó diciendo Trump.

* * *

Irak, el gobierno de este Estado, en 2018, celebró una ofensiva militar que diezmó a ISIS. Sin embargo, la reconstrucción política y económica de Irak sigue en proceso y aún hay provincias afectadas por la guerra.

A raíz del asesinato del general **Iraní Qasem Soleimani** en el aeropuerto de Bagdad, el Parlamento de **Irak** aprobó en Enero de 2020, una moción en la que exige al Gobierno que expulse a las tropas de Estados Unidos del país. Es oportuno destacar, que **Soleimani** fue responsable de exportar terrorismo alrededor del Mundo y asesinar a miles de personas inocentes, incluidos soldados de las tropas americanas.

* * *

Afganistán, la invasión estadounidense dejó a este país en ruinas y su situación sociopolítica continúa empeorando. El territorio se divide bajo el control de los talibanes, movimiento que sigue una doctrina extremista islámica, y el Gobierno, respaldado por Estados Unidos y la OTAN.

Estados Unidos, busca sacar a sus tropas de esta nación. Por su parte, los talibanes no han renunciado a la violencia mientras negocian. Saben que cuentan con cartas ganadoras y han demostrado que no pueden ser derrotados debido al enorme costo humano que representa la guerra entre la población.

* * *

Una misión de la ONU para **Afganistán**, expresó su grave preocupación por los niveles de violencia sin precedentes contra los civiles durante el tercer trimestre de 2019. Más gente está muriendo en **Afganistán** que en **Siria, Yemen** e **Irak juntos**.

* * *

Yemen. Este es el país más pobre del mundo Árabe, lleva más de 5 años en una cruenta guerra civil que ha provocado la mayor crisis humanitaria del siglo XXI en la región. **Yemen,** sigue sometido a un bloqueo marítimo y aéreo por parte de Arabia Saudita que impide el ingreso de alimentos y medicamentos que vienen de **Irán**. El bloqueo saudita, apoyado por potencias como Estados Unidos y Reino Unido, tiene como excusa detener el tráfico de armamento a los hutíes, grupo insurgente que según se afirma tiene más de 100 mil seguidores entre combatientes y simpatizantes. El eslogan de los hutíes es: "Dios es grande, muerte a América, muerte a Israel, maldición sobre los judíos y victoria del Islam". La realidad es que la posición geográfica de **Yemen** lo convierte en un país clave para el control marítimo en el Medio Oriente.

*   *   *

Arabia Saudita. Se trata de una nación con un estilo de gobierno monárquico, gobernada por los hijos y nietos del primer rey Abdelaziz ben Abderrahman Al Saud. También afirma que el Corán, que se rige por la ley islámica, es la constitución del país. Las ciudades de **Arabia Saudita, Medina** y **La Meca** surgieron como los lugares más sagrados del Islam y de los musulmanes. En 1938 se encontró petróleo que tras las exploraciones respectivas, resultó con un volumen cercano a los 300 mil millones de barriles, con la gran ventaja que es un crudo liviano de alta calidad a diferencia del venezolano que es fuertemente pesado. Este país es el líder mundial de petróleo. El 90 por ciento de los ingresos provienen de la exportación de este producto del cual exportan 11 millones de barriles al día.

En 2000, Arabia Saudita y Yemen firmaron un acuerdo para resolver su larga disputa fronteriza. Este pacto, trajo como resultado un poco de tranquilidad a la región. Por lo demás, el calor extremo y la aridez son la característica de esta ración de solo 23 millones de habitantes. Es uno de los pocos lugares en el mundo en donde el verano alcanza temperaturas superiores a los 50 grados centígrados.

Arabia Saudita es uno de los actores más influyentes del mundo Árabe e Islámico. Mantiene, además, relaciones estrechas con potencias Occidentales clave, especialmente con Estados Unidos, Reino Unido y Francia. Su política exterior con **Yemen** y **Siria** es muy criticada por la opinión pública europea. Esto seguirá presentando dificultades para aquellos gobiernos del viejo mundo que persiguen ampliar sus relaciones sobre aspectos de defensa y seguridad con éste **país**, al cual consideran una potencia regional clave.

Arabia Saudita, dada su estrecha relación con Occidente, también ha sido criticada por las potencias y movimientos más revolucionarios e izquierdistas de la región, entre los que se encuentran **Egipto** e **Irán.** Pero lo cierto es que el apoyo de países como Estados Unidos, a los que puede acudir en caso de un conflicto mayor, es algo a lo que la monarquía de esta nación no puede darse el lujo de renunciar.

* * *

Irán, es otro de los Estados que hace parte de estos países enardecidos por la violencia. Esta es una República islámica, de 65 millones de habitantes, de los cuales pueden votar más de 46. Fue establecida tras la revolución en 1979 liderada por el ayatolá Jomeini que derrocó al Sha Reza Pahlevi quien contaba con el apoyo de Estados Unidos y el Reino Unido.

El **Presidente** es electo por cuatro años y máximo dos períodos por la **Asamblea de Expertos,** con base en las consideraciones del pueblo. **El Presidente** encabeza y dirige el poder ejecutivo, integrado por los ministros y secretarios que nombra el mismo mandatario, tras previa aprobación del **Parlamento,** constituido por 290 miembros. La Constitución describe al **Presidente** como el segundo funcionario de más alto grado. Sin embargo, las atribuciones presidenciales están restringidas por clérigos y por la autoridad del **Líder Supremo.** Es justamente éste, y no el **Presidente,** quien controla las **Fuerzas Armadas.**

Otra figura es **El Consejo de Guardianes.** Este **es el cuerpo de mayor influencia** en **Irán.** Lo integran seis teólogos nombrados por el **Líder Supremo**. Aparece también, la citada **Asamblea de Expertos,** cuya responsabilidad es nombrar al **Líder Supremo,** controlar su desempeño y removerlo si es considerado incapaz. Los comicios, para elegir a los 86 miembros de esta Asamblea, se realiza cada ocho años. No obstante, los aspirantes pueden ser vetados por el **Consejo de Guardianes**.

El **Líder Supremo** designa, igualmente, al jefe del sistema judicial, y a los **comandantes de todas las Fuerzas Armadas**. Éste cuerpo es regido por un Comando General cuyos miembros son elegidos por el **Líder Supremo,** a quien deben responder.

Además, del citado ordenamiento político administrativo existe el **Jefe del Poder Judicial** y el **Consejo de Conveniencia.** Es decir, todo un galimatías organizativo, en donde lo único que sobresale es el poder que ostenta el **Líder Supremo**. Por lo demás, no sobra recordar que **Irán** no sólo es un país declarado abiertamente enemigo de los Estados Unidos por más de 4 décadas, sino que, patrocina a grupos de reconocidos terroristas tanto del Medio Oriente como de otras regiones del Mundo.

En cuanto a las pretensiones de **Irán por desarrollar** una bomba nuclear, la respuesta de los Estados Unidos, en cabeza de **Donald Trump,** ha sido de un rechazo total a esta posibilidad en lo cual lo apoyan los países Occidentales. En estos momentos, los únicos Estados que cuentan con armamento nuclear son: Estados Unidos, Rusia, Francia, India, Paquistán, Reino Unido, Corea del Norte, China e Israel.

Las armas nucleares no pueden compararse con otras similares. Liberan grandes cantidades de energía en forma de explosión, calor y radiación. Son una amenaza a la supervivencia humana. Uno solo de éstos artefactos, detonado sobre una gran ciudad, podría matar a millones de personas. El empleo de solo 10 bombas de este tipo, alteraría el clima global y causaría una hambruna generalizada.

* * *

El anterior panorama, destaca el fervor religioso extremo de esta convulsionada región, agrupado en el islamismo, el hinduismo, el budismo y el judaísmo. Los Árabes en general creen en algún tipo de divinidad, como Dios, Mahoma o Buda. También, son fervorosos creyentes de libros que consideran sagrados, como son la Biblia y el Corán. Todo esto, sin olvidar los distintos grupos de fanáticos, entre los que se encuentran los Kurdos, un pueblo que lucha por tener un Estado propio en el Medio Oriente desde hace 100 años.

Aparecen igualmente, los Sunitas que son la mayoría entre los musulmanes, y se ven así mismos, como la rama más tradicional y ortodoxa del Islam.

Por su parte los Chiitas, que nacieron después de la muerte del profeta Mahoma, crearon el Chiismo y sus creyentes visitan la mezquita Al-Askari para orar por el regreso de Mahoma. La razón de éste rito es la creencia de que el profeta volverá algún día.

Las ramas Sunitas y Chiitas se enfrentaron para definir quien tenía el derecho legítimo a liderar a los musulmanes, pero sin resultados concretos.

Si a toda esta parafernalia le agregamos la enorme riqueza petrolera, la disparada tendencia armamentista, la presencia de variados grupos terroristas de los más sanguinarios del Planeta y un odio recalcitrante contra Israel y los Estados Unidos, no deja de producir escalofríos los peligros que enfrentan la existencia en el Medio
Oriente de las tropas militares de éstos países.

CAPÍTULO II - EL CONFLICTO ÁRABE-ISRAELÍ

EL ESTADO DE ISRAEL

Tras la fundación de Israel el 14 de Mayo de 1948, la tensión pasó de ser un tema local a un asunto regional. El último de los soldados británicos abandonó Palestina y los judíos, liderados por David Ben-Gurion, declararon en Tel Aviv la creación del Estado de Israel, de acuerdo con el plan previsto por las Naciones Unidas. Al día siguiente, Egipto, Jordania, Siria, Líbano e Irak invadieron este territorio, en una cruenta y desesperada guerra, forzando a Israel a defender la soberanía recién recobrada en su patria ancestral. Fue la primera guerra Árabe-Israelí. Después del conflicto, el territorio previsto por las Naciones Unidas para un Estado Árabe se redujo a la mitad. La ciudad de Jerusalén quedó dividida, controlando Jordania la parte oriental, incluida la Ciudad Vieja, e Israel el sector occidental.

En 1956 una crisis por el Canal de Suez enfrentaría al Estado de Israel contra Egipto. Este encuentro se definió no por combate, sino por la presión internacional sobre Israel, a cargo de Francia e Inglaterra.

Pero los enfrentamientos tuvieron otra escaramuza en 1967 en la Guerra de los Seis Días. Esto se presentó entre el 5 y el 10 de Junio con consecuencias profundas y duraderas. Fue una victoria aplastante de los israelíes frente a una coalición Árabe desorganizada. Israel capturó la Franja de Gaza y la península de Sinaí a Egipto, incluida Jerusalén Oriental. Así mismo, se apoderó de los Altos del Golán de Siria. Como consecuencia de esta acción militar, medio millón de palestinos huyeron.

El último encuentro Árabe-Israelí tuvo lugar en la guerra de Yom Kipur en 1973 que enfrentó a Egipto y Siria contra Israel. Esta lucha permitió a Egipto recuperar el Sinaí, pero no Gaza. Seis años más tarde, Egipto llega a ser el primer país Árabe en firmar la paz con Israel, un ejemplo que sólo seguiría Jordania.

LOS GRUPOS TERRORISTAS ÁRABES

Para entender un poco más el conflicto en el Medio Oriente es preciso saber cuántos hay y cómo funcionan los grupos terroristas en esta parte de la Tierra. Veamos los más notorios:

El Estado Islamico (ISIS)

El Estado Islámico más conocido como ISIS es un grupo terrorista paramilitar insurgente. Lo ha hecho amargamente celebre sus videos de decapitaciones tanto de soldados como de civiles. Así mismo, es famoso por la destrucción de lugares históricos de herencia cultural.

La meta de este grupo ha sido la fundación de un Estado Islámico de origen sunita, bajo un califato, liderado por un grupo de autoridades religiosas con un líder supremo, el califa, quien se cree el sucesor del profeta Mahoma.

El blanco de ISIS es apoderarse de diversos territorios, hasta llegar a conquistar todo el Planeta. De esta manera, daría lugar a un califato mundial, llenando la Tierra con la justicia y la verdad del Islam.

Grupo Al Qaeda

Al Qaeda es una organización paramilitar Yihadista que emplea tácticas terroristas alrededor del Mundo. El fundador, líder y principal colaborador, fue Osama Bin Laden (1957-2011), un multimillonario de origen **saudí.** A este personaje se atribuye el atentado de las Torres Gemelas de Nueva YorK. Este peligroso grupo se creó en 1988 en Peshawar, Pakistán. Su estructura organizativa está basada en células de militantes y redes de contactos clandestinos, muy parecida a la manera de operar los carteles de narcotraficantes, lo cual le ha dado una amplia movilidad y una gran dificultad para desarticularla.

Al Qaeda es una de las primeras organizaciones terrorista de la historia. Reúne las formas extremas de Islam y Yihad. Tiene como justificación de sus acciones el sometimiento de judíos y cristianos. Parten de la base de que las fuerzas militares estadounidenses son enemigas del Islam.

En los últimos años Al Qaeda ha mutado en organizaciones que se han radicalizado aún más, sobre todo en Irak, país en donde se concentra gran parte de sus simpatizantes. Comparte sus operaciones, entre otros, nada menos que con el peor grupo terrorista de la Tierra: El Estado Islámico, ISIS.

Grupo Hamas

Hamas es un movimiento de resistencia Islámico de origen palestino, que se declara como Yijadista, nacionalista e islamista. Sin embargo, en 2017, publicó un nuevo documento de principios por medio del cual reclama el establecimiento de un Estado Palestino completamente soberano e independiente, con Jerusalén como capital. Además, enfatiza su carácter religioso, y sigue sin reconocer a Israel ni abandonar la lucha armada.

El gobierno de Hamas desde el 2007, ha estado sometido aún bloqueo por parte de Israel que impide la entrada de alimentos, medicinas, material de construcción, armas y otros productos.

Hamas empezó una campaña de atentados terroristas suicidas en 1994 con frecuencia inusitada y sin precedentes. Se especializaron en la fabricación de cinturones bomba. La Yihad Islámica rápidamente adquirió esta táctica a partir de 1996. La Yihad es un concepto de la doctrina islámica que ha sido interpretado en Occidente como guerra santa. Pero, según los musulmanes, la palabra puede ser traducida como **esfuerzo** y tiene que ver con diferentes aspectos relacionados con la aplicación de la doctrina de Mahoma.

Hamas fue declarada organización terrorista desde 1996 por Estados Unidos, Israel, Japón, Canadá y Australia, mientras que algunos países Árabes y otros, entre ellos, Rusia y Turquía, no la consideran como tal. Los gobiernos de Cuba y Venezuela, han sido acusados de prestarle apoyo.

Grupo Hesbola

Hezbolá es una organización política militar, guerrillera, Islámica y musulmana, chií libanesa que cuenta con un brazo político y otro paramilitar. Su fundación se remonta a 1982 en el Líbano como respuesta a la intervención israelí. Este grupo terrorista fue entrenado por un contingente de la guardia revolucionaria iraní. Es un grupo de alta peligrosidad que recibe armas, capacitación y apoyo financiero de Irán y ayuda permanente de Siria, desde el final de la Guerra Civil Libanesa. El área de operaciones de esta guerrilla se centra en el Líbano, Siria e Irak, y sus principales enemigos son Israel, Estados Unidos, Arabia Saudita y el Estado Islámico. Por el contrario, buena parte de los gobiernos del Mundo Árabe consideran a Hezbolá un movimiento legítimo de resistencia.

Algunos de los objetivos establecidos por Hezbolá son: la expulsión del Estado de Israel de Líbano y posteriormente su eliminación. Igualmente, dentro de su misión está el destierro y exterminio de los franceses, estadounidenses y sus aliados, para acabar la influencia colonial en el país.

CAPÍTULO III - ALGUNOS PAÍSES DE AMERICA

MÉXICO

México , juega un papel trascendental en la política estadounidense. La razón es su condición de país limítrofe y sus características de pobreza, violencia y tolerancia al narcotráfico en la que lo han sumergido los malos gobiernos. En este país la calidad de vida ha tocado fondo.

La gente desconfiaba del mandato de Peña Nieto. La misteriosa desaparición de 43 estudiantes, se erige como un monumento a la inseguridad y a la infamia. Los negocios turbios de la familia presidencial, entre ellos la adquisición de una fabulosa mansión en un exclusivo Barrio capitalino y en cuya transacción intervino una firma contratista que ganó licitaciones millonarias bajo la gobernación de Peña Nieto, era vista como una afrenta para los mexicanos.

A lo anterior hay que agregar la existencia de dos lujosos apartamentos en Miami a nombre de la esposa de Peña Nieto, Angélica Rivera. Uno de un millón quinientos mil dólares en la zona de Key Biscayne, vecino a otro adquirido por el presidente más corrupto y perverso que ha tenido Colombia: Juan Manuel Santos. Y, uno más, escondido, de 300 metros cuadrados, cercano al anterior, por un valor mayor a los dos millones de dólares.

* * *

La situación de **México** no es nada fácil y puede empeorar. Salieron del gobierno fallido de Peña Nieto para entrar en otro quizás más dañino y disociador: la presidencia de un individuo con rasgos de izquierda radical, pero que trata de encubrir sus verdaderas tendencias políticas. Se trata de López Obrador quien en una de sus primeras medidas como mandatario ofreció una mano al peor elemento que ha producido Sudamérica en décadas: el dictador Venezolano, Nicolás Maduro. Más tardes abriría sus puertas a otro dictador camuflado que venía gobernando a Bolivia durante 14 años, el presidente Evo Morales.

Éstos devaneos de López Obrador no son inocuos y la dinámica de la política más pronto de lo imaginado le cobrará réditos por estas actuaciones, que sólo apuntan a ganar popularidad y aparecer como un hombre probo que fue elegido para salvar a **México**. Nada más alejado de la realidad. En lugar de dedicarse a bajar los índices de pobreza y reducir la inseguridad reinante, se está yendo por las nubes y dando palos de ciego. Un grupo, cada día más creciente de ciudadanos, sienten que López Obrador sufre algún tipo de trastorno mental. Sus apariciones públicas y la prioridad que da a las cosas son realmente preocupantes.

Así mismo, la libertad de prensa se ha visto seriamente amenazada, nunca como ahora, se ha sentido la presión de un gobierno para acallar las noticias que, en su gran mayoría, no favorecen al régimen. Los asesinatos están a la orden del día, tanto que han convertido a **México** en el país más inseguro de América. El número de desaparecidos sigue creciendo sin que surja un plan de control que lleve a una respuesta tranquilizadora.

Para acabar de cerrar el círculo, ha sido evidente la falta de un programa que vaya en busca de la recuperación de la economía. El país azteca, dados los índices de inseguridad, el crecimiento palpable de la corrupción y la carencia de un liderazgo político de vanguardia por parte del mandatario actual, está alejando la inversión extranjera. Por si fuera poco, muchas empresas de los Estados Unidos, entre ellas la Ford, que tenían grandes inversiones en esta nación, están regresando al país del Tío Sam atendiendo los llamados de **Trump,** que les ofrece más bajos impuestos y mayores garantías.

La situación que vive **México** más que un gobierno de izquierda, que es a lo que apunta López Obrador, por el contrario, requiere de un timonazo que enderece su rumbo y lo lleve a la prosperidad que se merece. Por lo tanto, es de esperar que la garra de este combativo pueblo no se esfume como una sombra. Los corridos y las rancheras, emblemas de su idiosincrasia, no dejarán de sonar en cualquier acto público. Al fin y al cabo, han soportado épocas peores, de las cuales han salido airosos, bajo coyunturas aún más complejas.

NICARAGUA

Nicaragua, es un país de América Central, ubicado entre el Océano Pacífico y el Mar Caribe, conocido por su espectacular territorio con lagos, volcanes y playas. Pero, por desgracia, está siendo manejado desde 2006, a sus anchas y de manera dictatorial, por su presidente Daniel Ortega y su esposa Rosario Murillo. Es un régimen similar a los caudillismos tradicionales de antaño, donde el mandatario controlaba la administración del Estado, el Ejército, la Policía, las agencias supuestamente independientes, la maquinaria electoral y los tribunales.

Ortega, tiene además un notable control sobre los medios y cambia la Constitución a su antojo. Podría decirse, que se trata de un gobierno totalitarista inspirado en un trasnochado Chavismo. En la práctica, este aprendiz de dictador, maneja el país como le viene en gana. Esta enorme concentración de poder, ha permitido a Ortega gobernar con inmensos abusos en donde las críticas no tienen cabida.

Un cruento enfrentamiento entre la Policía y grupos pro-gubernamentales en 2018 dejó un saldo de más de un centenar de muertos, cerca de 2000 heridos y cientos de detenidos judicializados injustamente.

En abril de 2019, se presentaron masivas protestas a todo lo ancho del país. La nación se paralizó mientras Ortega mantenía la represión con la policía en coordinación con los grupos armados del gobierno. Reprimieron brutalmente los movimientos opositores dejando alrededor de 50 muertos, incluyendo 23 niños y un número cercano a los 2500 heridos. Tiempo después, algunos de los detenidos se encontraron sin vida, otros fueron sometidos a electrochoques, palizas y ahogamientos. La crisis forzó la salida de más de 40 mil nicaragüenses con destino a Costa Rica.

Algunos de quienes protestaban, respondieron violentamente matando a 22 oficiales de policía entre Abril y Septiembre de

2019.

Autoridades y grupos armados adeptos al gobierno, acosan, amenazan, intimidan y confiscan los equipos de los periodistas de la prensa y la televisión. La redacción del diario "Confidencial" fue allanada y decomisaron ordenadores y documentos. Incluso han llegado a detener y a deportar a corresponsales extranjeros por narrar el caos que se vive en este país.

SUDAMÉRICA

En varios países latinoamericanos, multitudes han salido a marchar masivamente, desde finales de 2019, para expresar su descontento, reclamandoles a los gobiernos por la parálisis económica, la corrupción, la desigualdad y problemas nacionales más específicos.

Ciudadanos de Venezuela, Perú, Puerto Rico, Honduras, Nicaragua, Ecuador, Chile, Perú y Bolivia y últimamente, Colombia, salieron a las calles para decir no más.

Sin embargo, el caso de Chile es especialmente llamativo, ya que encabeza los mejores indicadores en cuanto al PIB per cápita, los índices de desarrollo humano de la ONU y múltiples llamativas clasificaciones en cuestiónes de libertad.

El aumento del 4 por ciento en las tarifas del metro en Chile provocó inicialmente, pequeñas manifestaciones. Ahora, hay que destacar que la mitad de los trabajadores de Chile gana un promedio de 550 dólares al mes. Esto hace que el transporte público sea un gasto significativo. Lo cierto es que el movimiento de protesta incipiente se fue convirtiendo en manifestaciones masivas contra el aumento en el costo de la vida y un modelo económico en recesión, considerado por los chilenos generador de un crecimiento dispar.

La expansión constante de las dos últimas décadas le ha dado al país la clase media más desmedida y unas altas tasas de pobreza. También, una mayor desigualdad social, un aumento notable del desempleo y una fuerte devaluación. Los chilenos sienten que les ofrecieron un camino hacia la prosperidad, al cual nunca se les ha permitido entrar.

El movimiento social chileno tuvo un claro mensaje anticapitalista y un claro descontento con el modelo socioeconómico, junto con un rechazo al incremento en el costo del transporte público. El objetivo principal de los manifestantes era promover la formulación de una nueva constitución, reformar los sistemas de pensiones y salud, decretar la educación gratuita, frenar la corrupción política y reducir los salarios de los altos funcionarios públicos.

Muchos estaban enojados con Sebastián Piñera, el presidente, un millonario educado en Harvard. Los manifestantes consideran que este mandatario está fuera del contacto con la gente y por lo tanto, debería renunciar.

Los desmanes comenzaron con grupos de estudiantes universitarios, que irrumpieron en las instalaciones del metro sin pagar, entonando consignas y pintando las paredes con spray. Las protestas continuaron con el control de los estudiantes y parecía que terminarían sin pasar a mayores. Sin embargo, chilenos de todas las edades, obreros y profesionales, se unieron a ellas. Se estima que cerca de 4 millones de personas participaron en estos movimientos de protesta.

Ahora, las pérdidas económicas del descontento ciudadano se estiman en alrededor de 3.500 millones de dólares, dados los grandes daños a la propiedad pública. Por lo demás, cerca de 300.000 empleos se perdieron. El peso chileno sufrió una fuerte devaluación y el crecimiento económico bajo un punto para el país entre 2019 y 2020. Además, la inversión se frenó, el turismo se menguó y la calidad de vida se derrumbó aún más.

Para Abril de 2020 fue programada una votación para definir si se lleva a cabo la redacción de una nueva Constitución Política y los procedimientos que se aplicarán.

COLOMBIA

Colombia es un país sui generis dada su ubicación que le permite gozar de los dos océanos el Pacífico y el Atlántico, estar vecina a Centroamérica y servir de acceso a toda Sudamérica.

Quizás, ningún país de América ha sufrido tanto los rigores del terrorismo como **Colombia.** La guerrilla de las FARC desde 1964 ha sembrado de dolor todo el territorio patrio, cometiendo delitos de guerra, crímenes de lesa humanidad y genocidios. Tras más de 50 años de padecer de esa implacable lucha armada, el presidente Juan Manuel Santos tomó la decisión de adelantar una nueva negociación con los insurgentes. Esa actitud, en principio, podría ser vista con agrado. Así y todo, lo que no se puede aceptar es que por el afán de firmar un acuerdo de paz y de paso, lo más importante para este ex mandatario, que era conseguir el Nobel de Paz, se hayan pactado puntos que erosionaron gravemente las normas constitucionales de la nación.

Las FARC siguen siendo vistas como un grupo opresor y malvado que ha martirizado a la población por más de 50 años. Esta es la razón para el rechazo de cerca del 90% de la población a estos maleantes. Por tal motivo, se pidió en su momento, una condena proporcional al daño tan profundo que causaron en el tejido social del pueblo cafetero.

Pero infortunadamente para el país, el acuerdo de paz que firmó Santos con las FARC es un monumento a la impunidad y al descaro. Éste pésimo presidente que sólo perseguía el galardón del Nobel, le importaba un comino el acuerdo. Por consiguiente, no dudó en firmar no un acuerdo de paz, sino la entrega de la soberanía de la nación al grupo de maleantes. No sólo, ninguno de los cabecillas de esta organización de forajidos pagó un día de condena, sino que, por el contrario, fueron beneficiados con 10 curules en el Congreso asignadas sin pasar por el proceso de votación democrático. Es decir, la ejercen por derecho propio y por un largo período de años.

Pero los criminales de las FARC no iban a permitir que se echara por la borda su pingüe negocio del narcotráfico. Por lo tanto, para lograr esto, dejaron a un grupo de los más feroces y sanguinarios continuar con el mercadeo de cocaína. Y, para evitar suspicacias, lo llamaron el **grupo disidente de las FARC**, cuando en verdad era el **Brazo Armado de esta organización criminal.** En resumen las FARC gracias al espurio acuerdo firmado por Santos, hoy cuenta con una organización integral, política, militar y social que tiene como fachada otro pequeño grupo que dice querer la paz y que vive de una millonaria mesada que le asignó el acuerdo. Esta inequitativa negociación le representa a la nación ingentes sumas de dinero. Es decir, la entrega del país a los violentos con puntos y comas se oficializó en toda su expresión. Todo por elegir como presidente a un corrupto, sinverguenza y traidor.

Ahora, la firma del acuerdo requería de dos cosas: que el Congreso y la prensa hablada y escrita lo aprobaran para hacerlo aparecer como un gran logro para la nación. Fue así como surgió la famosa compra de conciencias a través de lo que el pueblo identificó coloquialmente como **"mermelada"**. Esta **"mermelada"** no era otra cosa que la asignación a los congresistas de fuertes sumas de dinero, disfrazadas como auxilios para sus respectivas regiones, y de jugosos contratos para periódicos como El Espectador, El Tiempo y Semana (cuyo dueño, de éste último pasquín amarillista, es sobrino de Santos), y a atractivos contratos con canales de televisión entre los que se destacan Caracol, RCN y Noticias Uno. Pero, todo no paró aquí, a un alto número de individuos se les asignaron contratos con objetivos ridículos, pues lo que se buscaba era ambientar el proceso de paz. De esta manera a los políticos, académicos y personas naturales que tuvieran alguna influencia con los ciudadanos, les llenaron los bolsillos con miles de millones de pesos. Era claro que, de no haberlo hecho así, el acuerdo de paz no hubiera visto la luz del día.

Así y todo, la presión de un fuerte grupo de ciudadanos opuestos a este trato ilegal, lograron que Santos, luego de los trámites administrativos de rigor, citara al país a un plebiscito entre quienes apoyaban el acuerdo (los del Sí) y quienes lo rechazaban (los del No). Santos y su camarilla de corruptos, estaban seguros del triunfo del Sí por un amplio margen. Pero la sorpresa fue mayúscula cuando al atardecer del Domingo día de la votación, resultó ganador el No. Era algo increíble, más aún cuando el propio Estado colombiano fue manejado a su antojo por Santos y sus secuaces, incluidos los medios, con honrosas excepciones. Los entreguistas del país con toda la fuerza que supone una maquinaria debidamente aceitada, habían sido derrotados.

Pero el alborozo de los ganadores del No, duró muy poco. Vinieron los pactos políticos entre bambalinas con representantes de las dos fuerzas enfrentadas, dando como resultado que el dañino acuerdo de paz con las FARC siguiera adelante hasta ser refrendado una triste noche en el Teatro Colón de Bogotá, en un encuentro en el que Santos y Timochenko, el bandido jefe del grupo armado, se dieran un fuerte abrazo. Se consumó así el peor engaño que le han hecho al pueblo colombiano en toda su historia.

Los resultados de este cataclismo de corrupción que permitió a Colombia ser uno de los países más corruptos del Mundo, están a la vista. El **Brazo Armado de las FARC** sigue operando y negociando con coca. Por lo demás, a éste grupo se han unido más personas deseosas de enriquecerse a cualquier costo. La inseguridad se enseñorea del país, la corrupción no cesa, aunque el objetivo del proceso de paz se cumplió a cabalidad: **Santos recibió el Nobel de Paz y es reconocido por países con gobiernos ingenuos como el adalid de la Paz en Colombia.** La pregunta que se hace el ciudadano de a pie es: **¿cuál paz?**

El nuevo mandatario Iván Duque, que fue elegido con la esperanza de frenar el desastre en el que Santos metió al país, resultó complaciente y timorato ante el esquema que Santos le dejó. Uno de sus últimos errores fue declarar a las FARC como un grupo no terrorista, a pesar de contar con un **Brazo Armado** que sigue martirizando a los colombianos. A éste presidente le ha faltado coraje y se ha ido entregando poco a poco al caos que dejó su antecesor. El talante de este inexperto gobernante riñe con presidentes como **Donald Trump**, en donde lo primero que cuenta es la verdad y el bienestar popular. Al final de su mandato, Duque no contará con la benevolencia de quienes lo eligieron ni mucho menos de quienes lo critican.

Santos no contento con malgastar la bonanza petrolera repartiendo "mermelada", enriqueciéndose él, sus familiares y allegados, acabó con la convivencia nacional, dejando como legado una polarización social que ha roto la cordial relación que existía entre los ciudadanos. No hay en el mundo un medio que repare el mal dejado por este perverso gobernante.

El problema que el gobierno laxo de Duque enfrenta, es la dificultad para los Estados Unidos, de encarcelar a los maleantes de las FARC y, apreciar, como sigue llegando coca en grandes cantidades a este país. Éste presidente, ni siquiera ha sido capaz, en los años que lleva de presidente, de implantar la fumigación con glifosato para erradicar las plantaciones de coca. Cada día se hace más evidente el miedo de Duque a eliminar o cambiar algo del enjambre de entuertos económicos, políticos, sociales y de ordenamiento administrativo del país, que heredó de Santos. Duque está gobernando literalmente para las FARC y para los acuerdos leoninos que éstos facinerosos impusieron a la nación con la complacencia del expresidente desleal. A Duque le faltó coraje y hombría para librar al país de la hecatombe en la que está consumido.

CAPÍTULO IV - DONALD TRUMP

Frente a un esquema tan complicado y de carácter imprevisible, surge la presencia de Donald Trump quien después de derrotar a 15 de los contendores Republicanos, siendo un aspirante a la presidencia prácticamente desconocido, enfrentó a la candidata Demócrata Hillary Clinton infringiendo una categórica derrota a todas las encuestas que daban como segura ganadora y por un amplio margen, a la esposa del expresidente Bill Clinton.

Donald Trump es fruto de una extracción social media-alta. Luego, pudo contar con la ayuda de su padre Fred para iniciarse en el negocio de la finca raíz. Sin embargo, el haber alcanzado tan elevado nivel de riqueza a pesar de sufrir varias bancarrotas, es sin duda meritorio. Sus logros económicos tienen como insignia y se aprecian en todo su esplendor, en el edificio Trump Tower en Nueva York. Esta construcción es la síntesis de su egocentrismo y pretensión, pero, también, de su capacidad de lucha. Es una persona que nunca se da por vencida, enfrenta los obstáculos y los fracasos con decisión y empeño y siempre encuentra el camino para llegar al éxito. Es el prototipo de un ser triunfador que, contrariamente a lo que algunos dicen, es caritativo y proclive a ayudar a los más necesitados.

Otra de sus características es su condición de abstemio, no fuma ni bebe alcohol.

"Yo no bebo, puedo decir honestamente, que no he tomado una cerveza en mi vida. Es una de mis pocas virtudes, ¿Pueden imaginarse si lo hubiera hecho?".

Ahora, el trato de Trump con sus subalternos, entre los que se encuentran muchos latinos, es respetuoso, pero alejado de sensiblerías. A lo largo de su existencia, además, de atesorar dólares y propiedades, ha podido dar la mano a un amplio número de personas de todos los matices que por azar se cruzaron en su camino. Si bien es egocéntrico y estridente, no por eso oculta una faceta humanitaria que puede aflorar en el momento en que las circunstancias sociales lo exijan.

Ha sabido captar más que nadie, el estado de ánimo de los americanos. Éstos en su mayoría, se sienten descontentos con el **establecimiento** al que acusan de haberles arrebatado el porvenir. También, vuelcan su rencor ante los políticos de carrera, que se ofrecen para reformar el país y terminan viviendo en mansiones suntuosas.

Trump es un hombre de derecha y añora el poder y la política, aunque no es un político profesional. Recibió el título de doctor Honoris Causa de las Universidades norteamericanas Robert Gordon y Liberty. Ha escrito cerca de 15 libros entre los que se encuentran:"The Art of the Comeback"; "Surviving at the Top"; "The Art of Survival"; "Think Big"; "How to Getafe Rich"; "How to get Rich" y "The Americano We Deserve".

Trump ostenta una estrella en el Paseo de la Fama de Hollywood que, por las declaraciones atrevidas y salidas de tono de algunos artistas contra **Trump**, en una ocasión fue destruida por un energúmeno individuo, que terminó detenido y posteriormente, llevado a la cárcel.

-"Si de todos modos hay que pensar, es mejor pensar en grande".

-"Si te dedicas a algo que amas, no tardarás en convertirte en un ganador".

-"Mantente siempre en positivo, pase lo que pase, y evita todo pensamiento o emoción negativa".

-"La experiencia me enseñó que, en muchas ocasiones, las mejores inversiones son las que no se hacen".

-"Todo es cuestión de suerte".

Trump ha tenido tres parejas y cinco hijos, entre los que se destacan Ivanka, Donald J. y Eric. Si bien, su talante lo hace parecer hosco, tiene gran sentido del humor y es un excelente conversador. Cuenta con una fortuna situada por expertos en cuatro mil millones de dólares, aunque lo cierto es, que ni el mismo Trump sabe exactamente a cuánto asciende su riqueza. Al respecto dice:

-"Todos mis activos varían, permanentemente, suben y bajan con los mercados con mis actitudes e incluso con mis propios sentimientos". Y se ufana de donar:

-"Dono a centenares de organizaciones de caridad y a la gente que necesita ayuda".

Esta fue una respuesta que dio a un correo electrónico que recibió de "Associated Press", acerca de sus donaciones.

Por lo demás, los honorarios que recibe como Presidente, los dona semestralmente a proyectos de educación, a la lucha contra el narcotráfico, al bienestar de los veteranos o a cualquier organismo de la organización gubernativa que los requiera.

Trump tiene la cualidad de saber escuchar a quienes se sienten inconformes con su situación económica. Además, se hace sentir a toda costa y enfatiza en los puntos más importantes. Es claramente auténtico, no le importa el qué dirán y luce totalmente extrovertido. Repite con frecuencia:

"El éxito difícilmente llega de un momento a otro y, para lograrlo, se necesita tenacidad y paciencia".

Ximena Navarrete, ex Miss Universo Mexicana 2010, al hablar de Trump dice:

-"Es una persona que me ha tratado súper bien, ha sido el más respetuoso y el más cariñoso. Quedamos con una excelente relación, también porque México es un país muy comercial y cuando yo gané, con el paso del tiempo se dieron cuenta, que les convenía una Miss Universo Mexicana. Surgieron muchos contratos y negociaciones para la organización a partir de ahí". Y Ximena continuó:

-"Yo nunca diría algo malo de **Donald Trump.** No puedo decir si hizo bien o mal, él se merece todo mi respeto. Gracias, a lo que viví en su organización, he tenido oportunidades increíbles. Tampoco me gusta que ataquen a una persona que ha trabajado por llegar a un lugar y que se merece estar ahí".

CAPÍTULO V - EL TRIUNFO ELECTORAL DE TRUMP

La política es un síndrome que, en mayor o menor grado, todos los seres humanos adquieren desde sus primeros años de vida y los acompaña hasta la muerte. Nadie es ajeno a lo que suceda en su país. Y, menos aún, cuando una decisión que emane de un gobierno corrupto puede significar el dolor para las generaciones venideras.

El triunfo electoral de **Trump** en 2016 al vencer a la demócrata Hillary Clinton, abrió las puertas a cambios profundos dentro de Estados Unidos y en las relaciones de éste país con el resto del Mundo. El triunfo categórico de **Trump** se explica por varios factores, entre ellos, el rechazo al sistema y a la clase política tradicional. **Trump** es un multimillonario sin experiencia política y conocido por sus grandes edificios y su reality de televisión: The Apprentice. Por lo tanto, es una persona de afuera del manejo político, que surge como el ideal para cambiar un sistema que, para un buen número de expertos, no funciona correctamente.

Uno de sus eslogan que más impacto causó fue: **Drenar el Pantano. La razón** de este eslogan parte del alto grado de corrupción que se anida en las altas esferas políticas del país y su contubernio con individuos de organismos de primera línea incrustados en organismos poderosos tales como las farmacéuticas.

Por otro lado, la idea de la oponente Hillary Clinton era más de lo mismo, en un Washington que se percibe como un entorno elitista y corrupto. Esto permitió que la gente hiciera a un lado las claras deficiencias políticas del neoyorkino.

Esa cualidad o defecto de **Trump,** de **decir las cosas como son** sirvió para que las personas se identificaran con él y lo vieran como alguien capaz de entender sus frustraciones. **Trump** es el anti político clásico. Es franco y sincero, hasta el extremo. Además, es en exceso valiente. Tuvo el coraje de desafiar a uno de los medios informativos más influyentes de la nación como lo es **CNN** y despertar a ese fantasma dormido de las **noticias falsas.**

Otro aspecto, que jugó a favor del Republicano fue el desencanto de la población con **la situación económica.** Los estadounidenses llevaban cerca de una década sin ver una mejoría en sus salarios, lo cual favoreció el discurso de **Trump** en la clase trabajadora. Los electores premian las palabras de **Trump** y en especial, su promesa de cambiar varios **tratados internacionales de libre comercio**, entre ellos, los de México, Canadá y China.

Así mismo su propuesta de construir un muro en la frontera sur del país para controlar la inmigración ilegal, pegó muy fuerte en las neuronas de la gente que aprecian día a día cómo crece la inseguridad y la oferta de mano de obra con cualquier salario. Es obvio, no obstante, que el partido Demócrata en el cual buena parte de su caudal de votos proviene de personas que entraron ilegalmente, se opusiera a ésta obra de control de la inmigración del presidente.

Una frase afortunada de **Trump,** que caló muy hondo en pueblo al norte del Río Bravo, fue: **Hagamos América Grande De Nuevo**. Este eslogan nacionalista, vino a despertar la esperanza de un nicho de individuos importante de la nación, que se rindió ante las promesas de magnate domiciliario.

Hay que admitir, que la **baja imagen de Hillary Clinton**, ex primera dama y exsecretaria de Estado, genera un rechazo casi unánime en la clase política. Desconfían de ella y la ven como una persona falsa y arribista. Además, el episodio de la embajada norteamericana en Bengasi, en el que fueron asesinados 5 altos funcionarios, lo ven como una evidente negligencia de ella. Otro prominente lunar de Hillary, aunque de fijo existió la complicidad del presidente Obama, fue la venta a Rusia, a través de maromas poco transparentes, del 25 por ciento del **uranio de la nación. Se afirma en algunos medios**, que con posterioridad a este jugoso negocio, la Fundación Clinton recibió una donación de 45 millones de dólares. Por lo demás, esta organización sigue viéndose como una entidad corrupta. Su última revelación fue el sorpresivo informe sobre la riqueza de la hija casi adolescente de los Clinton, valuada en 9 millones de dólares, lo cual deja a la vista un claro y antipático enriquecimiento ilícito.

También, es oportuno mencionar la importancia del **voto oculto**. Casi, sin excepción, las encuestas favorecían a Hillary Clinton de forma abrumadora. Se hablaba mucho del voto hispano, del voto afroamericano, del voto femenino. Pero todos resultaron errados. Quizás, una de las principales ventajas de **Trump** es contar con un electorado silencioso en todos los estratos sociales del país, el cual es difícil de estimar, pero, lo cierto, es que irrumpe fuertemente en el momento de las elecciones.

CAPÍTULO VI - LOGROS DE TRUMP COMO PRESIDENTE

Quizás, por su experiencia en el Mundo de los negocios y esa extraña capacidad de Trump para generar ambientes prósperos e incentivar la creación de trabajos, la nación norteamericana recibió con la llegada de este magnate al poder, una especie de inyección de vitalidad apoyada en un optimismo sin precedentes. Todo, a pesar de un partido Demócrata interesado en impedir de manera demencial y sistemática, los logros innegables de Trump.

Los Demócratas, en su afán de destruir a **Trump** han recurrido desde antes de su posición a todo tipo de artimañas para sacarlo del poder. Primero, lo acusaron de confabularse con los rusos para influir a los votantes en favor del neoyorquino. El ataque llevó al nombramiento de un cónsul especial, el ex director del FBI, Robert Mueller, para que investigara a fondo todo lo concerniente a la campaña presidencial del magnate. Esta investigación duró más de 2 años y en ella participaron 19 abogados del partido Demócrata y se gastaron 40 millones de dólares.

La conclusión de esta larga y extenuante investigación fue la no colusión de **Trump** con el gobierno ruso. Sin embargo, de inmediato, vino otra acusación la cual se basó en obstrucción a la justicia y luego otra por abuso de autoridad, ésto último por haber destituido al Director del FBI James Comey. Tampoco esta nueva acusación tuvo éxito.

Así y todo, la psicosis de odio del partido Demócrata no paraba. Entonces surgió otra nueva acusación contra **Trump** basada en un supuesto tráfico de influencias con el gobierno de Ucrania. Esto tuvo lugar por un testigo que dijo haber escuchado una conversación telefónica en la que **Trump** le decía, según el testigo, a su homólogo presidente de este país, Volodimir Zelenski, que le ayudara a investigar al ex vicepresidente del gobierno Obama, Joe Biden, cuyo hijo Hunter, había trabajado en la Junta Directiva de la Compañía petrolera ucraniana Burusia, con un salario mensual de 50.000 dólares. Esto, a cambio de enviarle una ayuda a Ucrania por 310 millones de dólares. Por lo demás, sin que Hunter tuviera alguna experiencia en el tema y sin hablar el idioma de esa nación. Todo, durante la época en que Biden, su padre, fungía como vicepresidente.

Este nuevo cargo que le abrieron a **Trump** era un total disparate. Ninguno de los 18 testigos que llevaron los Demócratas a declarar, presentó una evidencia. Todos hablaban de oídas y de presunciones. Todo esto, a pesar de que **Trump** publicó el audio de la conversación que tuvo con el mandatario ucraniano en la que se hacía claro y evidente la inexistencia de tráfico de influencias.

Pero, el odio no tiene límites y puede conducir a resultados catastróficos. Los Demócratas en su afán de culpar y condenar a Trump de cualquier cosa, para sacarlo del gobierno, tenían que buscar unos cargos para llevar al presidente a un juicio. Fue así como finalmente **Trump** fue acusado de **abuso de poder y obstrucción al Congreso**. Curiosamente, ninguna de estas dos faltas las contempla la Constitución, luego el presidente no podría ser enjuiciado por ninguna de ellas. Cuando la directora del partido Demócrata Nancy Pelosi promovió la votación en la Cámara para la aprobación del proceso de destitución, hubo un congresista Demócrata que rechazó la acusación contra Trump por considerar que el presidente no había cometido ningún delito. Y algo muy importante, no hubo un solo congresista Republicano en favor del juicio, lo cual le daba a la votación un tinte partidista y sectario.

Mar tarde, el Senado en una Decisión histórica hundiría, 51/49, la pretensión del partido Demócrata a traer más testigos, esto como si no fueran suficientes los 18 escuchados días atrás. De esta manera, se configuró lo que sería días más tarde, el 5 de febrero de 2020, la absolución del presidente **Trump.** Y, de paso, se pavimentó el camino para la reelección de este líder norteamericano.

Pero lo cierto de toda esta comedia de odio y desinformación es que el partido Demócrata a pesar de su empeño, no ha podido minimizar los grandes logros de Trump, los cuales podemos sintetizar así:

La **tasa de desempleo** bajó a 3.5% su menor registro en 50 años y se logró la expansión económica más larga de la historia. El país norteamericano con **Trump,** estuvo viviendo el mejor momento de progreso de su historia, tanto que la economía rompió récords y permitió que el magnate expresara:

"Si alguien me gana en 2020, habrá una caída del mercado como nunca se había visto".

Nadie como **Trump,** ha sido especialmente exitoso con los **Stock Market**. Las bolsas de negocios han subido de manera espectacular bajo el gobierno del magnate. El índice **S&P 500**, por ejemplo, ha retornado a más del 50% desde que el magnate fue electo. Este dato supera al promedio de los anteriores presidentes que en el mejor de los casos sólo llega al 23% de retorno con datos desde 1928 del **Respoke Investment Group Dating.**

Wall Street cerró el 2019 con nuevos récords en sus tres indicadores en lo que ha sido su mejor comportamiento en toda la historia. El **S&P 500**, cruzó los 3.200 por primera vez y los inversionistas permanecen confiados al poner dinero en la bolsa. Este panorama favorece la inversión y aclimata la creación de negocios de todos los tipos. La sola sensación de bienestar puede propiciar riqueza y mejorar la economía de un país.

La clase trabajadora y en especial los seguidores de **Trump** que en un momento desafortunado Hillary Clinton los tildó como **deplorables,** ven en el neoyorkino a una persona que en verdad se interesa por ellos. En sus discursos el neoyorquino acostumbra a hablarles de **comercio** como la principal preocupación y no de la supremacía blanca como señalan sus detractores. Otra obsesión, que parece preocupar a **Trump,** es la **reducción de los precios de los fármacos,** pero con la salvedad de que no busca extinguir esta industria, sino hacerla más competitiva.

La **reducción de impuestos** ha beneficiado a las empresas directamente, pero no es una ingenuidad pensar, que ésta reducción se verá reflejada en mejores oportunidades y mayores salarios para los trabajadores. También, resultaron favorecidos pequeños negocios, familias y trabajadores individuales. El valor de la hora-hombre ha subido en todos los Estados y ha crecido la demanda laboral prácticamente de todas las áreas. Los salarios están experimentando una mejoría notable en los niveles más bajos de la población y la reducción de los índices de pobreza, en especial para afroamericanos e hispanos, es palpable.

Trump está buscando llevar a cabo cambios drásticos en el **sistema de inmigración estadounidense**, incluida la reducción del número total de inmigrantes y el fin del sistema de lotería de visas. Además, busca limitar la potestad de los actuales residentes de traer a los familiares que viven en el exterior. La posición de Trump es lógica y debe ser vista sin pasión. Ningún país del Mundo soporta una inmigración masiva y anárquica como la que padece el país del Norte. Tarde o temprano vendría la catástrofe y quienes más la padecerán serán los habitantes de esta gran nación. Ahora, nadie duda de la conveniencia de la inmigración, pero ésta debe ser regulada y selectiva, de otra manera solo vendrá el caos y la desolación.

La **producción de petróleo de Estados Unidos** durante 2018 fue la más grande a nivel mundial. El país fue capaz de producir 11.6 millones de barriles diarios. Esto lo ubica por encima de países como Rusia y Arabia Saudita. Se trató de un logro importante, que mejora la confianza inversionista y regula el costo de vida en el país.

Algo que fue un real triunfo para Trump dada la importancia y la repercusión que representa fue la **nominación del Juez Kavanaugh** a la Corte Suprema, todo a pesar de la oposición demencial Demócrata y después de un prolongado y extenso escrutinio.

No podía faltar algo que el magnate prometió durante su campaña electoral, esto es, la **renegociación del tratado de Libre Comercio de América del Norte (NAFTA)**. Trump lo consideraba perjudicial para la economía y los trabajadores estadounidenses. El presidente bautizó al nuevo tratado como **USMCA** en reconocimiento a los novedosos términos acordados. Curiosamente, este nuevo tratado fue firmado por **Trump** en enero 29 de 2020, en los mismos momentos en los que la líder Demócrata Nancy Pelosi, repartía bolígrafos recordatorios del juicio político contra el magnate, que tendría lugar en los días siguientes.

Por considerar, que las reglas del juego por parte de la nación China son perjudiciales para los Estados Unidos, Trump ha buscado incesantemente un nuevo tratado comercial con este país más acorde con la realidad comercial. A pesar de las dificultades, la pretensión del magnate ha surtido efecto. Fue así como el 15 de Enero de 2020, los dos países firmaron un documento que significa el primer paso del acuerdo, que sitúa a la nación norteamericana en una posición más privilegiada.

* * *

Algo, realmente meritorio de **Trump** fue el **retiro del acuerdo nuclear con Irán** firmado por Barack Obama en desventajosa situación. El neoyorkino consideró el acuerdo con Irán **el peor de la historia** de los Estados Unidos. Obama suministró a Irán a raíz del tratado, 150 billones de dólares entre oro, equipos y dinero en efectivo, con la creencia de que éste país del Oriente Medio, cesara sus pretensiones armamentistas y, más exactamente, la producción de la bomba nuclear. Pero el gobierno iraní se burló del acuerdo y con el dinero que recibió compró misiles y **uranio** para enriquecerlo, en procura de crear armas atómicas y convertirse en una potencia armamentista.

El pacto firmado por Obama con Teherán, buscaba la paralización de la mayor parte de sus 20.000 plantas centrífugas de este país y la limitación del enriquecimiento de uranio al 3,67 por ciento. Esta es una proporción que permite el uso civil de la energía nuclear, pero no el militar. Como contrapartida, **Irán obtendría** el levantamiento de las sanciones económicas y el pleno acceso al mercado mundial para la venta de su petróleo y gas.

Pero el acuerdo no mencionaba en ningún momento la ayuda **Iraní** a grupos armados como Hezbolá en el Líbano, Hamas en Gaza, el régimen de Al Assad en Siria y los rebeldes de Yemen.

Además, Trump consideraba que el acuerdo no había establecido una prohibición definitiva del enriquecimiento de **uranio**.

No podía faltar algo que ha preocupado al presidente estadounidense de tiempo atrás. Cuando **Trump** asumió la presidencia, el **grupo terrorista Estado Islámico (ISIS)** controlaba extensas zonas de Irak y Siria. Además, los islamistas contaban con más de 30.000 combatientes. El presidente cambió la estrategia antiterrorista de Estados Unidos y ordenó a los militares adoptar las medidas necesarias para derrotar al grupo terrorista. La estrategia de Trump dio resultado y se logró recuperar más del 90 % las áreas bajo control terrorista. A tanto llegó la medida que en 2018 el gobierno Irak decretó la Navidad como un feriado nacional.

No obstante, las dificultades y la demencial oposición Demócrata reflejada en la actuación de jueces nombrados en el gobierno de Obama, que buscaban a toda costa frenar la **construcción del muro de la frontera sur, Trump** está ganando la pelea y el muro que se convirtió en el emblema de este mandatario, tanto que podría decirse que **"Trump** es el muro y el muro es **Trump"**, está en plena construcción. Esta obra frenará la vena rota de la inmigración ilegal por donde pasa la droga y personas no deseables, muchas de las cuales tienen condenas en sus propios países.

Trump está harto de decir que él no se opone a la inmigración legal, pero ataca con vehemencia la inmigración ilegal indiscriminada. No parece bueno que esté abierta una zona tan importante como la frontera sur, para que miles personas inescrupulosas la violen diariamente. Esto solo sirve para aumentar la criminalidad, la inseguridad y la intranquilidad de quienes entraron legalmente al país, acatando las leyes de este generosa nación.

En el **aspecto militar**, El neoyorkino tomó un paso trascendental, **creó la fuerza espacial** a través del financiamiento de un equipo del **Pentágono** que se concentrará en la guerra en el espacio. El nuevo servicio militar, el primero en crearse en más de 70 años, estará bajo el control de la Fuerza Aérea de Estados Unidos. Todo esto, teniendo en cuenta que el espacio se convirtió en el nuevo teatro de confrontación entre Rusia, China y Estados Unidos.

En cuanto al tema de la salud, Trump ha emprendido un plan que permitirá abaratar los seguros. La idea es que los ciudadanos escojan el plan y el médico que quieran. La lucha, que emprendió este presidente para bajar el costo de los medicamentos es un buen paso. Por lo demás, ya ha reducido costos y bajado el monto de los servicios para el **medicare**, el seguro de salud para pensionados y gente mayor.

Otros logros, de las decenas que ha alcanzado Trump son:

-**Rebajar** la pobreza a niveles que no se veían desde 1985.

-**Crear** más de 7 millones de empleos hasta el momento.

-**Terminar** la guerra entre las 2 coreas.

-**Mover** la embajada americana de Israel a Jerusalén sin derramar una sola gota de sangre.

-**Retirar** las tropas americanas de Yemen, Siria y Afganistán.

-**Negociar** a través de un tratado de libre comercio con Arabia, que las mujeres puedan conducir automóvil.

-**Derogar** la ley de enjaulamiento de los deportados.

-**Sacar** a Estados Unidos del Acuerdo de París, al tiempo que bajaba la emisión de CO_2 en el país.

-**Iniciar** la búsqueda de la legalización de la homosexualidad en 12 países que aún la prohíben.

CAPÍTULO VII
- ¿POR QUÉ EL
MODELO TRUMP?

Los logros de Trump en lo que lleva de mandatario son impresionantes. Y, lo son aún más, si se tiene en cuenta que ha tenido que soportar una oposición Demócrata despiadada y alucinante. A éste partido político no le importa que el país se caiga a pedazos con tal de que el magnate fracase en su empeño por hacer grande a Estados Unidos otra vez.

Lo cierto es que la administración **Trump**, cumpliendo su promesa de campaña de **drenar el pantano**, está dejando ver a las claras la fuerte corrupción que anida en el partido Demócrata. El evidente tráfico de influencias de Joe Biden al vincular a su hijo Hunter a la firma petrolera ucraniana Burusia sin tener un mínimo de experiencia en este campo, es un caso patético en donde sin duda también está involucrado el ex presidente Obama. La venta de **uranio a Rusia** burlando el orden administrativo para facilitar la operación, deja un mal sabor. También, el monumental regalo de dólares a Irán para evitar a esta nación frenar su carrera armamentista, es otro de los lunares que empaña al anterior gobierno.

Ahora, al analizar la situación sociopolítica de los países de Centro y Sudamérica y a México al Norte, y en especial las manifestaciones que tuvieron lugar en varias naciones a finales de 2019, aparece un común denominador: **el inconformismo general**. Los gobiernos con pocas excepciones, no escuchan al pueblo. Están enclaustrados en sus propios intereses y piensan que con sus equipos de trabajo pueden satisfacer todos los inconformismos. Pero qué equivocados están.

El presidente de Bolivia, Evo Morales tuvo que renunciar y exiliarse primero en México y luego en Argentina al descubrir funcionarios de la OEA el monumental fraude electoral que había cometido en las elecciones con las que buscaba un cuarto mandato. Este presidente, tras 14 años de gobierno, muestra resultados desapacibles y pobres logros en su gestión. La confabulación con el narcotráfico de fijo lo lleno a él, a su familia y allegados de millonarios fajos de dólares. Los manifestantes en un evidente rechazo a sus políticas chavistas, lo obligaron a dejar el poder.

En el Perú estalló una crisis sin precedentes en el mes de Octubre de 2019, después de que el presidente Martín Vizcarra disolviera constitucionalmente el Congreso. La larga, tensa y convulsionada jornada que vivió el país dejó un montón de heridas políticas abiertas. Había una gran incertidumbre por saber lo que iba a pasar en el futuro. Solo quedó clara la alegría y satisfacción de alivio, que la gran mayoría de la población peruana expresó espontáneamente en las calles, tras el anuncio del presidente anunciando la disolución del Congreso, un organismo cuyos representantes son odiados y despreciados por la mayoría de los ciudadanos.

Sebastián Piñera el presidente de Chile, lucía indiferente y distante de la opinión pública. Daba la impresión de pertenecer a otro planeta. Sus políticas sólo mostraban paños de agua tibia frente a las penurias evidentes por las que atravesaba Chile.

En Ecuador los manifestantes indígenas se tomaron el Parlamento al grito de **muera Moreno**, en alusión al presidente Lenin Moreno que no había podido resolver las necesidades más sentidas del pueblo. Las protestas de los manifestantes tuvieron lugar ante la eliminación de los subsidios a los combustibles, además, de la reducción de los salarios y la reducción de vacaciones en el sector público.

Algo similar a lo escrito antes y en esa misma época podría decirse de los mandatarios de México, Nicaragua y Colombia, si bien éste último tiene la disculpa de haber recibido un país traumatizado por un acuerdo de paz impune, que destrozó la convivencia e incrementó la violencia y la corrupción gracias al peor presidente de la historia colombiana, Juan Manuel Santos. Sin embargo, es cada día más pálido el apoyo del pueblo a Duque a quien ven como el refrentador de todos los males que dejó su sucesor. En algunos sectores se habla del gobierno de transición de Duque, dado que se cree que el próximo será de extracción socialista.

Capítulo aparte merece el estado de caos y deterioro en el que han caído países como Venezuela y Cuba. La política abiertamente comunista que practican estos gobiernos acabó literalmente con el desarrollo y situó a éstas dos naciones en el abismo de la indigencia. La miseria se apoderó de los otrora grandes conglomerados de personas brillantes y emprendedoras, hasta convertir a sus ciudadanos en individuos que soportan un vivir colmado de privaciones y de los mínimos elementos requeridos para conservar la dignidad humana.

* * *

Un ejemplo objetivo de la desigualdad social que carcome a éstos países es la comparación de los salarios mínimo y máximo. En Colombia por escoger un país al azar, esta diferencia es de uno a cuarenta, mientras en Estados Unidos, es de uno a ocho.

Los nacidos en poblaciones que se encuentran en los estratos más bajos de los Estados sudamericanos, salvo contados casos, nunca podrán salir de la pobreza. La gente con pocos recursos se pregunta, al apreciar y comparar sus condiciones de vida con los cambios tecnológicos tan profundos que ha experimentado el Mundo, ¿por qué yo no puedo disfrutar de estos adelantos y tener un mejor vivir?. La respuesta a este interrogante produce ansiedad y depresión y, lo que es más preocupante, genera agresividad y violencia.

Las manifestaciones que tuvieron lugar en los últimos meses de 2019, agrupaban a muchos de éstos jóvenes marginales que se sienten excluidos de la sociedad y carentes de esperanzas. Obviamente, también participaron en estas protestas, personas pagas por grupos de forajidos como las FARC y el ELN en Colombia, para destruir, vandalizar y quemar instalaciones públicas y privadas.

Así y todo, el saldo que dejaron estos movimientos fueron decenas de muertos, miles de heridos y daños irreparables en servicios públicos como sucedió con el incendio del metro de Chile.

Ante el citado panorama afloran en la imaginación dos cosas: primero, la necesidad de implantar regímenes políticos más igualitarios y prósperos. El **socialismo de plano** se descarta. Aunque podría abonarse la no existencia de diferencias entre las clases sociales, su enfoque en la salud y la educación y el fomento, después de alcanzar las necesidades básicas, en la ciencia, el deporte y el arte. Sin embargo, los ejemplos que ha vivido el Mundo en Alemania, Corea, Rusia, Cuba y más recientemente en Venezuela, entre otros, además, el hecho de no permitir la propiedad privada e impedir la libertad en todas sus expresiones, lo convierten en algo indeseable y dañino. El gobierno posee y controla el capital, los medios de producción y los mercados. Se acaba la libre competencia, desestimulando así la creatividad. Las mentalidades empresariales tienen que emigrar, ya que no encuentran espacio en el sistema. Pero, hay algo más perverso aún, se crea un grupo de privilegiados, aquellos que han logrado incrustarse en el Estado y en el partido, causantes de todo tipo de desmanes y arbitrariedades. Y, algo inevitable, la formación de un Estado policiaco con patente de corso para perseguir, encarcelar y repetidamente martirizar a los opositores.

Ahora, la otra cara de la moneda es el capitalismo. Este es un sistema político que busca la prosperidad a toda costa, para lo cual incentiva la producción privada. Su meta es generar riqueza de manera desmedida. Sostiene y promueve la autonomía individual, la libertad de opinión y el derecho a huelga. La creatividad personal es alentada y premiada. Aparece un Mercado Libre de bienes y en general de todo tipos de servicios, regulados por las leyes de la oferta y la demanda. Genera una competencia feroz por obtener el dinero. La distribución de la riqueza no es equitativa. Enfatiza la importancia de la familia y de la propiedad privada. La gente tiene la esperanza, así sea remota, de salir de la pobreza, lo cual se logra repetidamente. Por lo demás, el esquema de éste sistema socio-político se caracteriza por concentrar en el gobierno básicamente, las funciones de seguridad nacional, justicia y relaciones internacionales. El país emblema del **capitalismo** es sin duda Estados Unidos de América. Aunque muestra algunas asimetrías sociales y la pobreza no ha podido ser eliminada por completo, en general se disfruta de un vivir tranquilo y placentero, todo acordonado por un sistema de justicia oportuno, justo y sin privilegios.

Una mirada desprevenida a éstos dos modelos de sociedad deja ver cosas buenas y malas en cada uno. Así y todo, es más viable partir de un **sistema capitalista** y moldearlo para incluir algunos principios socialistas. Todo parte de gobiernos fuertes apoyados en un grupo mayoritario de Estados, como sucede en los Estados Unidos, que incrusten en la administración conceptos benéficos de la izquierda. Esto es claramente posible, es más, existen ciudadelas en este país en donde residen 20 mil o más personas, dueñas de diferentes recursos económicos, que disfrutan de una vida igualitaria con pequeños matices que no desvirtúan la modalidad del sistema de vida capitalista. Tanto, que ni siquiera las mismos residentes son conscientes de ello. Obviamente, siguen viviendo bajo la administración del régimen **político** de la nación.

Lo antes narrado es a grandes rasgos lo que los manifestantes de América y de algunos países de Europa Occidental están pidiendo a gritos. No desean ninguno de los modelos de vida existentes, aunque muchos de éstos movimientos se han desvirtuado con la presencia de individuos radicales de extrema izquierda que aplican la fuerza, la agresión y el vandalismo para hacer sentir su protesta.

Ante todo este enjambre de inconformismos de la gente, se hace evidente la necesidad de implantar un modelo social que elimine en los habitantes la sensación de desesperanza que hoy los invade. Pero, esto, no es tan sencillo de lograr, sólo pueden llevarlo a cabo líderes modernos que apunten al bienestar del pueblo en todos sus sentidos y estén dispuestos a luchar a brazo partido contra la corrupción en sus diversas formas. Hay que evitar a toda costa, mandatarios que en su mayoría sólo buscan enriquecerse, como a diario lo denuncian los medios y las redes sociales.

* * *

Es aquí donde surge la figura de **Donald Trump**. Este magnate, dueño de una gran fortuna, no llegó a la presidencia de Estados Unidos para enriquecerse. Recordemos que su salario de presidente lo dona a la educación, a la lucha contra las drogas, al bienestar de los veteranos de guerra y en fin a múltiples causas. Una de sus principales promesas fue drenar el pantano. Y esto es lo que ha venido haciendo desde su posesión. El deseo de los Demócratas por destruirlo se convirtió en un bumerán contra ellos. Las acusaciones de este partido contra el Republicano presidente, han hecho aflorar la profunda corrupción que anida en la administración de esta gran nación y esto es precisamente, lo que el magnate neoyorquino está buscando erradicar a través de una lucha sin cuartel contra los poderosos.

Un caso evidente de corrupción, vale la pena insistir, vía tráfico de influencias fue el del ex vicepresidente Joe Biden, al ubicar a su hijo Hunter en la Junta Directiva de la Compañía de Petróleos ucraniana Burisma. Para esto, se amparó en una millonaria donación del gobierno de Obama a esa nación, condicionada, como los hechos lo infieren, al enganche del hijo de Biden. Sin duda, es algo inaudito, que la gran prensa liberal ha buscado minimizar.

Igualmente, la compra de la elaboración de un dossier a un espía inglés (pagado, según se comenta, por Hillary Clinton), con el fin de llenarlo con cargos inexistentes de colusión del presidente **Trump** con el gobierno Ruso para ensuciar la campaña electoral de este magnate, es otro acto de corrupción patético.

La venta del 25% del **uranio norteamericano al gobierno Ruso** fue todo un negociado, manejado en su momento por el gobierno Obama con la cabeza visible de la Secretaría de Estado de ese entonces, Hillary Clinton. Esta transacción amerita una profunda investigación. Curiosamente, meses después de realizada esta venta al país Ruso, la Fundación Clinton recibió una donación de alrededor de 45 millones de dólares cuya procedencia apunta a este país..

Y qué decir del alto número de congresistas que se han enriquecido ilegalmente, reflejado en mansiones cuantiosas, inversiones millonarias y productos de lujo inalcanzables para el norteamericano medio. Hay un alto número de senadores y representantes que llevan más de 30 años en su curul, se han enriquecido soberbiamente y no dan muestras de quererse retirar. Todo esto, es lo que quiere cambiar **Trump**.

El neoyorquino también ha apuntado a la racionalización de los grandes negocios como el de las farmacéuticas, buscando regularlos a través de precios más bajos para los medicamentos y precios más accesibles para los servicios médicos.

También, persigue la reducción de impuestos para beneficio no sólo de las grandes empresas (con el fin de bajar el desempleo), sino para ayudar a la clase trabajadora en general. Bajo Trump, todos los indicadores económicos y sociales han tenido mejoras y sin duda se ha venido consolidando una mejor calidad de vida entre los residentes de esta nación. Falta mucho por hacer, pero los resultados son alentadores.

El Mundo precisa de mandatarios que rompan los paradigmas, que acaben con los rótulos como el de ser **políticamente correcto**, cosa esta última que va en contravía con el perfil real del magnate presidente. Además, que **digan la verdad**, algo que ningún político practica, pero que, es una de las características más notorias del Republicano. Además, que sean sinceros y realistas; el pueblo merece ser informado clara, oportuna y abiertamente, lejos de las **noticias falsas** que acostumbran a presentar medios como el New York Times, ABC y CNN, entre otros.

Uno de los más notorios principio que **Trump** enarbola es el **nacionalismo** en vez de la **globalización.** Los países antes que buscar solucionar los problemas de otros, deben concentrarse en acabar con sus propias carencias. Esto no elimina, la participación en programas que vayan en beneficio de otras poblaciones, pero concentra la atención en sus necesidades inherentes.

También, es preciso el manejo justo, racional y apropiado de la **inmigración**. Trump no se opone a rajatabla a esta figura, como injustamente lo ha querido hacer ver la oposición, sino que persigue regularla. Un manejo incontrolado de la **inmigración** y peor aún, su empleo como herramienta política, a la usanza de los gobiernos Demócratas que la apoyan para aumentar su caudal de votantes, va en contravía del bienestar de los residentes y de los propios inmigrantes. Es obvio, que la vena rota de la **inmigración ilegal** que venía poblando indiscriminadamente al territorio del país americano, en pocos años podría hacer colapsar la economía y afectar negativamente la calidad de vida de los pobladores.

Pero ningún gobierno puede dejar una huella positiva sin la presencia de una **justicia cabal**. Es en esta condición donde se sostienen las figuras de la democracia. Las grandes fallas que presenta el manejo democrático de todos los países del Mundo que practican esta modalidad, surgen de debilidades y más exactamente, de la corrupción de la rama judicial. Estas fallas fueron las que impidieron el logro de la paz en Colombia. En este país, el gobierno de Juan Manuel Santos fue el culpable de la politización y la corrupción de la **justicia ya que debió comprar la conciencia de muchos magistrados de la Corte** para lograr que estos altos funcionarios aprobaran las leyes que se fraguaron en el Congreso para llevar a cabo un acuerdo de paz leonino con las FARC y a todas luces desfavorable para el pueblo colombiano.

Trump a pesar del gran poder que ostenta, ha sido respetuoso del ordenamiento de la **justicia** norteamericana, que sistemáticamente ha impedido que muchos de los decretos emitidos por él puedan adelantarse. Se ha tratado básicamente de jueces federales nombrados bajo el gobierno de Obama, que sistemáticamente ponen palos en las ruedas al carro del progreso para todos, que viene impulsando el neoyorquino. Por lo demás, no es aventurado declarar, que un alto porcentaje del buen desempeño del capitalismo en Norteamérica es fruto de una justicia acrisolada e incorruptible. No hay distingos de raza, política, religión o estrato social cuando de aplicar la **justicia** se trata. Sin duda, esto ha hecho grande y poderosa a esta nación.

En síntesis este breve y puntual enfoque sobre la presencia de **Trump** en el Mundo moderno, nos ha permitido concluir que los fenómenos sociales que se vienen presentando a lo largo y ancho de la Tierra, precisan para su solución, de individuos francos, veraces, honestos y capaces, que tengan como blanco principal el mejoramiento de la vida en todas sus formas, de los ciudadanos que representan. Ya es hora de dejar de lado lo **políticamente correcto**, para dar paso a **la franqueza y la verdad primero**. Estas ideas precisan de un cambio profundo en la manera de elegir a los mandatarios y en el modo de gobernar. Solo, cuando los dirigentes de una nación sean funcionarios probos, alejados de la corrupción y obsesionados por mejorar la calidad de vida de sus gobernados, puede decirse que el Mundo es un buen lugar. Y también, que valió la pena haber venido a pasar una corta temporada en donde los tres pilares de la felicidad, **la salud**, **la tranquilidad** y **el afecto**, sean posibles de alcanzar. No es una tarea fácil, pero si la presencia de individuos como Trump en el panorama mundial se hace viral, se estará dando un gran paso en la dirección correcta.

FIN.

ACERCA DEL AUTOR

Pietro Faccini

El autor de esta breve novela histórica, es un escritor colombo-italiano conocido por su versatilidad. El talento que le acompaña, le ha permitido escribir temas de carácter político, como "Los 7 Pecados Capitales del Chavismo" o "La verdad del Proceso de Paz Colombiano; cuentos como: "Trump, Ramos y la Mexicana", o "Mensaje en el Metro de Nueva York". Igualmente, libros de superación personal, como: "La Timidez en el Mundo de los Negocios", también novelas de

género costumbrista como: "La Rabia en la Capital del Sol", o Pobre Corazón Mío"

Es pionero de un nuevo tipo de novelas cuya característica es partir de temas de carácter médico y convertirlos en novelas instructivas, aleccionadoras y divertidas como: "Líbrese del Cáncer de Próstata", "Sálvese del Infarto Cardíaco" y "Sálvese de la Depresión, del Estrés y la Ansiedad".

Además, ha escrito varios libros ilustrados sobre distintas enfermedades, que contemplan además de las curas respectivas, una historia acompañante, entre ellos:"Recursos Vitales", "Los Cánce-

res Más Funestos", "Los Enemigos Emocionales", "Males Peligrosos", "Los Alimentos También Matan", "Enfermedades Crueles" y "Los Polos Opuestos".
Vale destacar, que éste escritor fue durante tres lustros Director de Posgrado y Profesor de una de las Universidades más importantes de su país. Igualmente, sigue siendo un connotado conferencista y columnista eventual de temas políticos y sociales.

LIBROS DE ESTE AUTOR

El Enemigo Oculto: La Depresión: La Tristeza El Mal Del Siglo

Esta novela toca uno de los problemas más graves que enfrenta la humanidad, se trata de la depresión y sus parientes cercanos, el estrés y la ansiedad. En el momento de elaborar este escrito, 400 millones de personas padecen de esta enfermedad y otros tantos, van en camino de formar parte de los desafortunados que estarán cubiertos más adelante por esta epidemia que invade el mundo.

Sálvese Del Infarto Cardíaco

El crecimiento del infarto cardíaco a nivel mundial es una de las más grandes preocupaciones de la ciencia médica. Las muertes a causa de esta dolencia, se multiplican día tras día. Por lo tanto, es necesario, incrementar los medios que permitan un control de este depredador trastorno. Esta novela busca combatir este flagelo a través de medios efectivos, prácticos y sencillos. Esperamos que los lectores se beneficien de esta publicación que les permita una larga y sana longevidad.

Recursos Vitales

Este libro es único en su género, ya que combina cuentos literarios con problemas graves de salud. La mejor manera de enfrentar los males que acechan el cuerpo humano es fortaleciendo el sistema inmunológico a través de una alimentación sana, acom-

pañada de fármacos antioxidantes y bebidas alcalinas. Los temas que trata este divertido, aunque riguroso libro de cuentos médicos, basados en la realidad que enfrentamos día a día, son de una importancia capital para alcanzar una cabal salud. En esta original publicación se dan los medios para lograrla. La Melatonina es un fármaco milagroso de múltiples facetas, podría decirse, que es el medio necesario para gozar de una vida saludable. Los antioxidantes, como la Vitamina E, la Vitamina C y el Selenio forman en su conjunto una fuerza incontenible destinada a prevenir dolorosas enfermedades entre las que se encuentran variados tipos de cánceres. Por su parte, los Telómeros, son el enlace necesario para llevar a las personas hasta edades insospechadas, una vez el mundo científico resuelva el misterio que los rodea. Así y todo, precisamos de la movilidad y el ejercicio. También, beber Bicarbonato de sodio con limón de manera apropiada, blinda al organismo de múltiples dolencias. Todos estos elementos son claves para vivir mejor y disfrutar de una mayor tranquilidad. Entérese, a través de este ameno escrito, del medio para alcanzar ese estado de plenitud que todos añoramos con ansiedad.

Los Alimentos También Matan

Este libro ilustrado, es único en su género, ya que combina cuentos literarios con problemas graves de salud. Resulta sorprendente pensar en la presencia de alimentos que aportan las calorías indispensables para la vida humana, pero que, a la vez, llevan el germen del daño corporal. Este sería el caso, para nombrar sólo dos ejemplos, de las carnes rojas y la leche. Es innegable el beneficio de éstos alimentos al aportar proteínas básicas para el diario vivir. Sin embargo, llevan aparejada, la figura de múltiples males generadores de diversos tipos de molestias. En esta publicación el autor se propuso señalar, a través de cuentos amenos, que facilitan la lectura, pero, también, aleccionan y educan, la mejor manera para gozar de una salud plena, libre de desórdenes. La vida luce mejor y más grata, cuando gozamos de un peso corporal adecuado, y consumimos solo la comida necesaria. Es po-

sible, convertir el sustento en un placer, aunque siempre, con la prudencia requerida para evitar congestionar el organismo con elementos nocivos para la salud. Los fenómenos de la obesidad y la anorexia son más frecuentes de lo que pudiéramos imaginar, por lo tanto, es urgente gozar de un sistema de vida saludable en donde el proceso alimenticio reciba la importancia que merece. Las medidas para lograrlo, se encuentran plasmadas en este interesante escrito.

www.ingramcontent.com/pod-product-compliance
Lightning Source LLC
Chambersburg PA
CBHW031918270726
48655CB00006BA/2591